LES SAVOYARDS

CHEZ EUX ET CHEZ LES AUTRES

DISCOURS DE RÉCEPTION

PRONONCÉ A

L'ACADÉMIE DES SCIENCES, BELLES-LETTRES & ARTS

DE SAVOIE

Dans la Séance solennelle du 19 avril 1883,

Par M. Charles BUET.

CHAMBÉRY

IMPRIMERIE CHATELAIN, SUCCESSEUR DE F. PUTHOD

4, AVENUE DU CHAMP-DE-MARS, 4.

1883

LES SAVOYARDS
CHEZ EUX ET CHEZ LES AUTRES

Messieurs,

Un philosophe humoriste qui possédait à coup sûr le don de l'observation, disait que la modestie n'est qu'une des formes de l'orgueil. Il me siérait donc mal de faire ici le modeste, et je dois avouer que si j'éprouve en ce moment une vive émotion, je goûte en même temps la profonde satisfaction de voir quinze années de labeur, de combats et d'épreuve, honorées par une distinction à laquelle j'aspirais. Elle m'est d'autant plus chère qu'elle m'est décernée par des compatriotes, j'ose dire par des amis.

En m'appelant à elle, l'Académie de Savoie a voulu récompenser surtout un constant effort, un dévouement sans limites aux grandes idées qui élèvent l'âme et le cœur vers le Beau, le Bien et le Vrai. Je ne saurais me faire aucune illusion sur un mérite qui n'a eu qu'à peine le temps de se produire, et je considère qu'on a simplement distingué ma bonne volonté. J'en remercie tous ceux de mes collègues qui m'ont fait l'honneur de m'apporter ici l'appui de leur sympathie, et avec eux les amis des lettres qui, par leur présence, ont entendu donner quelque solennité à la séance qui nous rassemble, unis dans les mêmes aspirations et les mêmes espérances.

Du plus loin qu'il me souvienne, et je parle de longtemps! j'ai toujours profondément aimé notre antique et beau pays de Savoie, dont les Alpes colossales semblent porter le firmament bleu sur leurs dômes de glaciers transparents et de neiges éternelles. Tout enfant, j'étais pénétré de la grandiose mélancolie de nos montagnes; et nos vallons plantés de sapins, veloutés de mousses fleuries, avec leurs torrents noirs, diaprés d'écume, me rappelaient ces *glens* d'Écosse où m'entraînait, hors du temps et hors de moi, ce magicien sublime nommé Walter Scott, qui a su explorer et décrire avec un si puissant génie et les solitudes sauvages de sa patrie, et les secrets farouches du cœur humain.

C'est alors que j'appris à aimer le sol..., à aimer la terre bénie, fertilisée par les ossements de nos ancêtres, d'où nous sommes sortis, libres et fiers, pour y rentrer un jour, vaincus peut-être mais jamais humiliés!... Et j'aimais tout de cette terre privilégiée où Dieu a semé à profusion ses richesses; les arbres séculaires toujours verts même sous la neige; les prairies où les fleurs alpestres brodent l'herbe de leurs éclatantes étoiles; les rochers nus, gigantesques assises du globe et qui en sont comme l'énorme et immuable squelette ; les eaux pures et limpides murmurant sous les feuilles, ou jaillissant en gerbes de cristal.

Grandissant au milieu de cette nature féconde, encore admirable quand l'hiver jette sur elle l'étincelante chamarrure de son grésil et les perles du gel, j'apprenais aussi à aimer ceux qui vivaient là, fidèles conservateurs de traditions glorieuses, glorieux eux-mêmes d'appartenir à une race vaillante, libre parmi toutes les autres, et qui voulaient garder la patrie telle que l'avaient faite les aïeux dont l'esprit vit au milieu de nous. J'apprenais à aimer ces générations disparues, qui durant huit siècles servaient, sans se courber, le même drapeau d'azur à la croix blanche, qui après avoir flotté sur le tombeau du Christ et sur tous les champs de bataille des âges héroïques, menait encore à la victoire, — et combien ici s'en souviennent! — les braves soldats de nos brigades savoyardes, auxquels il suffisait de crier : « Savoie, en avant! »

Les monuments de notre histoire, que le temps seul a touchés, mais sur lesquels l'homme n'a jamais porté une main sacrilége, me disaient que les arts, chez nous comme ailleurs, s'étaient épanouis sous l'influence de princes libéraux, d'institutions florissantes, et qu'au milieu des guerres et des tumultes de ce moyen âge où la Savoie joua un rôle si prédominant, aucune révolution n'était venu détruire l'œuvre patiente et persévérante des souverains, des communes et des monastères.

Énamouré des beautés de nos sites alpestres, épris des souvenirs d'un passé presque vivant, tant il est aimé, tout vibrant de la poésie merveilleuse des choses, de la grandeur magnifique des faits, je devins l'amant passionné de mon pays, et j'y reçus tant de leçons d'un ardent patriotisme, que bien des années d'absence, et tous les maux qui font cortége à l'absence, n'ont pu, je ne dirais pas effacer, mais seulement voiler ces exquis sentiments de la prime jeunesse, qui demeurent le charme de toute la vie : Illusions peut-être ! mais illusions dorées, illusions chéries qui font palpiter le cœur, embrasent l'esprit, encouragent dans les souffrances, et font resplendir même la défaite !

II

De toutes les provinces de la France, il n'en est aucune qui ait conservé mieux que la Savoie l'autonomie de son caractère, de ses traditions et de ses coutumes. La Bretagne elle-même a suivi le courant et se laisse emporter au gré des idées modernes. Pourtant, il y a des bardes encore au pays d'Armor; le chêne de Mi-Voie qui vit couler le sang de Beaumanoir, porte à chaque printemps des feuilles nouvelles; mais les légendes des forêts celtiques, des manoirs et des chaumières, disparaissent peu à peu, comme s'émiettent les dunes et les falaises rongées par l'Océan.

Chez nous, rien ne meurt ! Peut-être voit-on quelques défaillances, peut-être a-t-on subi le contre-coup d'agitations que l'histoire jugera sévèrement, mais au fond le Savoyard est resté le même : l'homme de la terre et de la roche, le montagnard qui se rapproche de Dieu en prenant pour piédestal ses hautes cimes, où il s'en va planter l'étendard de la liberté et de la fraternité : la Croix !

Ce qui nous préserve, Messieurs, des entraînements qui transforment si rapidement d'autres peuples, c'est le souvenir inébranlable de nos gloires passées.

Notre pays n'est pas grand ; il ne fut jamais un vaste

empire, un royaume conquérant, le noyau d'annexions laborieuses, difficiles et longuement incertaines. Il fut, au contraire, souvent disputé, souvent envahi : grande route où se coudoyaient des armées, arène où joutaient des princes, appoint de combinaisons politiques qui ne consultaient ni l'heur des peuples, a dit Paradin, ni le bon accord des rois. Il a vu Annibal traîner ses bataillons sur les rampes escarpées des Alpes ; il a vu les Sarrasins ravager ses vallées, les Espagnols et les Français assiéger ses forteresses ; de l'an mil jusqu'à nos jours, de l'âge de fer à l'âge de plomb, il fut le théâtre sanglant où les ambitions royales se donnaient carrière, et pas une année ne s'écoulait qui n'y amenât un de ces événements inattendus à l'aide desquels la Providence gouverne l'univers.

Et pourtant, Messieurs, malgré tant de commotions — dont j'ai parfois retracé, d'une main trop inhabile, les épisodes pittoresques et les dramatiques incidents, — quel coin de terre a produit une pléiade aussi nombreuse de personnages illustres par leur génie? Quelle province pourrait édifier un plus vaste Panthéon? Quelle nation ne serait orgueilleuse d'étaler un si beau Livre d'or?

Chaque époque a les hommes qu'elle mérite et qui lui sont nécessaires. Les premières années du moyen âge ont les saints, qui sont les colonnes de l'Église et les piliers de l'ordre social. Les saints et les moines, ces grands bienfaiteurs de l'humanité! Ils défrichent les déserts, bâtissent des villes à l'ombre des sanctuaires, tracent des routes, endiguent les rivières, dessèchent les marais, utilisent toutes les forces de la nature, et, tout en livrant leur corps à ces âpres travaux du pionnier, ils conservent à travers les âges les sciences de l'antiquité, le culte des lettres, préparant le monde au superbe mouvement intellectuel dont le quatorzième siècle vit l'aurore, la Renaissance, l'éclosion, et notre siècle, à nous, l'irrésistible développement.

C'est alors qu'on voit briller dans la paix du cloître, dans les ravissements de la vie érémitique, au sein des conseils souverains, au milieu des luttes qui présagent et fondent l'affranchissement des communes, ces pures lumières qu'on dirait dérobées au nimbe de la Divinité : les saint Bernard de Menthon, les saint Anthelme de Chignin, les saint Pierre de Tarentaise, puis après eux le doux, l'aimable, le disert, l'angélique François de Sales, gentilhomme et apôtre, jurisconsulte et théologien, évêque prudent, sujet loyal, écrivain de premier ordre, précurseur de Bossuet dans l'éloquence sacrée, qui savait aussi bien désarmer les duellistes que donner des mercuriales aux dévotes, et que Henri IV, le roi sceptique, à l'esprit subtil, préférait à tous les prélats rassemblés autour de sa personne depuis l'abjuration de Saint-Denis.

Nos saints savoyards sont nos protecteurs et nos amis : l'anneau du chevalier Maurice était le sceau de nos Ducs, et dans tous les coins de nos vallées il reste, soit à l'ombre d'un vieux tilleul, soit au creux d'une roche, soit entre les murailles verdies et branlantes d'un oratoire, des souvenirs pieux de quelque pauvre bergère qui, filant sa quenouille en gardant ses moutons, ne se doutait pas qu'un jour son nom serait plus honoré que celui de la châtelaine à qui elle portait en redevance ses écheveaux de lin !

Aux moines nous devons les antiques moûtiers que célèbrent nos annales : Hautecombe et Tamié, Saint-Jean de Sixt et Saint-Jean d'Aulph, Abondance et Saint-Hugon, laboratoires où perpétuellement travaillaient les pauvres fils de saint Bruno, de saint Benoît et de saint

François, sans lesquels Homère, Virgile, Tacite, Cicéron, tous les poètes, tous les philosophes, tous les historiens, tous les orateurs de l'Asie, de la Grèce et de Rome, seraient depuis longtemps ensevelis dans la poussière où se sont engloutis les républiques et les empires abattus par les humbles apôtres du Galiléen.

C'est encore un Savoyard, et c'est un prêtre, Guillaume Fichet, qui fait pénétrer en France l'invention merveilleuse de Gutenberg, qui, selon l'expression sacrée, renouvellera la face de la terre, et le premier livre imprimé à Paris, malgré les docteurs en Sorbonne, est le traité de rhétorique de ce hardi novateur. Ce n'est pas le seul présent que notre Savoie, si méconnue, fasse à la France, si riche. Elle lui donne le Code Fabrien, d'Antoine Favre, un de ces magistrats qui n'avançaient point, ne s'enrichissaient pas, n'obéissaient qu'à la Loi, ignoraient les compétitions ambitieuses, restaient fidèles à leur devise : « Pain, Paix, Peu »! Elle lui donne le grammairien Vaugelas, les historiens Rapin-Thoyras et Saint-Réal, les poètes Buttet et Mermet, l'académicien Ducis, le géomètre Monge, le chimiste Berthollet, l'astronome Bouvard, le médecin Fodéré.

Mais la Révolution éclate, l'Europe est en proie aux pires fléaux. La France appelle tous ses soldats aux armes. La pacifique Savoie offre au nouveau maître du monde une phalange de héros : les généraux Doppet, Dessaix, Chastel, Decoux, Songeon, Pacthod, Dupas, Curial, Forestier, Guillet, Janin, traversent l'épopée impériale, plébéiens devenus capitaines tenant haute et ferme l'épée des preux chevaliers d'autrefois, dignes émules de leurs pères, les croisés de Chypre et de Palestine.

Et si les soldats de Savoie se battent bien, Messieurs, demandez-le à ceux qui les ont menés à la bataille ! Demandez-le aux survivants de Beaune-la-Rolande et de Béthoncourt, où le sang généreux de ces braves enfants coulait à flots, teignant d'une pourpre vermeille les plis du drapeau, symbole idolâtré de la patrie!

Énumérer seulement les hommes dont le nom brille à chaque page de nos huit siècles d'histoire, prélats et capitaines, savants et poètes, politiciens et artistes, légistes et écrivains, serait une tâche au-dessus de mes forces, et d'ailleurs personne de vous ne les ignore, ces noms que balbutient les lèvres même de nos petits enfants.

Allez dans les plus humbles villages, accrochés aux flancs de nos montagnes, entre les sapinières parfumées et les verts pâturages des sommets, on vous montrera le chalet vermoulu d'où est parti le petit gardeur de pourceaux devenu le cardinal de Brogny, la chaumière où naquit tel comte de l'Empire qui pouvait mettre son blason, timbré du bonnet aux sept panaches, sur la veste de grosse laine de son père le paysan!

La Savoie du dix-neuvième siècle n'a pas cessé d'être féconde. Un puissant génie, Joseph de Maistre, apparait tout en haut de cette pléiade nouvelle. Homme d'État, philosophe, historien, polémiste, de Maistre a laissé une œuvre considérable; il a fondé une école dont les aspirations sont encore méconnues, mais qui triomphera certainement des doctrines pernicieuses, des ferments de discorde et du formidable *non serviam* de l'esprit de révolte.

Avec Bonald et Donoso Cortés, auxquels il faut joindre le nom du vénérable chanoine Martinet, savant théologien et philosophe, mais surtout profond exégète des problèmes sociaux, Joseph de Maistre est un de ces prophètes du passé, que mon maître et ami Barbey d'Aurevilly a si magistralement fait ressortir à la flamme de notre admiration.

Après lui viennent bien d'autres hommes, d'un vol moins majestueux peut-être, mais dont l'influence agit profondément sur la société contemporaine. Parmi les évêques, ce sont le cardinal Gerdil, le vénérable cardinal Billiet dont il m'a été donné de saluer la vigoureuse vieillesse, Mgr Dupanloup, ce grand serviteur de l'Église, ce courageux adversaire de la Révolution, Mgr Rendu, Mgr Rey, Mgr Magnin, Mgr Turinaz; — parmi les voyageurs, Brun-Rollet, Alexandre Vaudey, Ambroise et Jules Poncet, intrépides explorateurs de l'Afrique équatoriale, qui ont porté jusqu'aux sources mystérieuses du Nil l'étendard de la civilisation chrétienne; — parmi les diplomates, le général de Boigne, bienfaiteur de sa ville natale, le comte Avet, le général Ménabréa, le baron Albert Blanc; — parmi les savants, Albanis Beaumont, le docteur Caffe, le regretté chanoine Chamousset, le chimiste Calloud, Michel Saint-Martin, l'abbé Vallet, l'ingénieur Sommeiller, le commandeur Bonjean, en qui je salue avec respect le citoyen dévoué, le philanthrope éclairé, le modeste honnête homme; — parmi les érudits, Grillet, l'abbé Frézet, Michaud, l'historien des Croisades, le marquis Costa de Beauregard, Joseph Dessaix, Léon Ménabréa, Timoléon Chapperon; — parmi les artistes, les sculpteurs Louis Rochet et Guméry, les peintres Molin, Hugard, Cabaud; — parmi les écrivains, ce charmant Xavier de Maistre, presque aussi célèbre que son frère par les quelques pages de ce chef-d'œuvre, le *Lépreux de la cité d'Aoste;* l'académicien Ducis, le missionnaire Benoît Trufley, Jenny Bernard, le fabuliste de Jugo, Jacques Replat, spirituel conteur, Pierre Lanfrey, l'ennemi de toutes les dictatures et de toutes les incapacités, enfin ce poëte lamartinien Jean-Pierre Veyrat, auquel Sainte-

Beuve a consacré une page qui le venge de l'indifférence dédaigneuse de ses contemporains.

J'en oublie, Messieurs, ou plutôt je veux en oublier beaucoup, ne pouvant tous les nommer, ces guides qui nous ont tracé la voie et qui sont devenus, puisqu'ils hantent sans cesse notre mémoire, nos esprits familiers. Mais nous les connaissons assez, n'est-ce pas ? pour être fiers d'être nés sous le même ciel et pour être jaloux de marcher à leur suite. Nous aimons à nous parer de leur renommée, et si tous n'ont pas une statue en bronze sur nos places publiques, c'est qu'on a eu besoin de tout le bronze pour fondre des canons !

III

Je disais tout à l'heure, Messieurs, que le Savoyard tient de race un caractère particulier et qui lui constitue une parfaite autonomie dans cette agglomération de tribus qui, avant l'ère chrétienne, formait les Gaules, et qui, depuis les conquêtes de la monarchie capétienne, a formé la France.

Le caractère du Savoyard est complexe : il a pris des qualités, et peut-être des défauts, à tous les éléments étrangers qui ont infusé un sang nouveau dans le vieux sang allobroge. La réserve espagnole, l'impétuosité française, l'ironie italienne, peut-être aussi la gravité orientale, corrigent parfois la ténacité, la prudence, le positivisme du montagnard. Point crédule, comme le Breton, il en ignore les superstitions légendaires, mais il a cette mélancolie rêveuse de l'homme qui vit toujours en face de Dieu, isolé en quelque sorte au milieu de ses semblables, exposé à des périls quotidiens, constamment aux prises avec la nature, soumis aux dures nécessités du travail sans trêve. Il parle peu, ce qui justifierait quasi cette repartie malicieuse d'un maire d'Aiguebelle répondant à un fonctionnaire qui lui demandait quelle langue on parlait en Savoie avant l'annexion : « Avant l'annexion, Monsieur? On ne parlait pas! »

Le Savoyard, on le sait de reste, est railleur, s'il n'est pas loquace. Il a de la finesse, de la causticité, il plaisante volontiers, mais il n'est pas méchant et ne commet que sous la garantie du confesseur ces jolis péchés de la langue dont on peut dire qu'ils feraient battre des montagnes.

S'il n'est pas crédule, s'il est méfiant, le Savoyard n'est pas non plus sceptique ; il se contente d'être positif et pratique ; il aime la simplicité, il déteste l'éclat, le tapage, la réclame. Il veut être pris pour bonhomme, sans façons et cordial : il ne faut pas chercher à l'éblouir par des phrases ; l'éloquence de nos tribuns modernes ne l'enflamme nullement, la phraséologie creuse des rhéteurs et des utopistes le laisse toujours indifférent. Pour naïf, il ne l'est guère : il sait observer, comprendre et se taire.

Chez lui comme chez les autres, le Savoyard est patient, persévérant, laborieux, économe. Il travaille à petit bruit, mais sans relâche. Il fait sa fortune sou à sou, parce qu'il voit que les petits ruisseaux font les grosses rivières. Jamais il ne se décourage, parce qu'il a vu que l'audace et l'obstination triomphent des pires obstacles : n'a-t-il pas tapissé de vignes florissantes les pentes caillouteuses de ses montagnes, défriché des plateaux où l'aigle construisait son aire, changé des marécages immenses en champs fertiles, reconquis sur les eaux vagabondes les rives qu'elles inondaient ? Ce n'est pas Mazarin, c'est un Savoyard, qui a dû dire : « Savoir attendre, savoir agir, voilà toute la science de la vie ! »

Certes, le Savoyard n'a pas la maladie de l'enthousiasme : tête *froide* et cœur chaud ! Il réfléchit avant d'agir ; il ne réfléchit jamais avant de rendre service. Saint Julien l'Hospitalier devrait être, avec saint Maurice, le patron de la Savoie ! Entrez dans la plus modeste maison de l'un de nos hameaux. Vous verrez l'aïeul et l'aïeule, les petits-enfants s'empresser à vous servir. On ne refuse à personne place au feu et place à table : s'il n'y a pas de lit, sous le toit enguirlandé de *meilles*, il y a dans la grange du foin odorant où l'on dort un si bon sommeil ! Ces braves gens, vous les paierez d'un sourire et d'une parole amicale, et si pauvres qu'ils soient vous les offenseriez en leur jetant quelque monnaie qui vous dispenserait de leur dire : Merci !

Et s'il est arrivé à quelques-uns d'entre vous, Messieurs, de pénétrer dans un de ces logis rustiques, n'ont-ils pas été frappés de voir que la Famille, — cette institution inséparable de l'idée chrétienne, — a survécu chez nous à tous les orages ? La maison paternelle est un foyer où se succèdent les générations. Tous les enfants y reviennent ; les aînés y vivent, obéissants et soumis au père, quand même ils seraient déjà eux-mêmes des aïeux. Les vieux imposent le respect, les jeunes inspirent la tendresse. La mère a allaité toute sa nichée : une douzaine de gentils chérubins aux joues rosées, aux boucles blondes. Elle est robuste et vaillante, épanouie par les fatigues mêmes de la maternité. Pas un instant du jour elle ne reste oisive. Servante des grands et des petits, elle est honorée. Croyez-vous qu'elle envie le sort des riches ? Que lui importe !

La religion consolatrice l'assiste dans ses misères, elle a la foi, elle a le bon sens, elle a le bon sens de la Foi. Aussi ne murmure-t-elle point, quand la tâche serait trop lourde ! Et ce n'est pas cette femme-là qui suggérerait à son mari les folles convoitises, les misérables haines qui remplissent de malheureux les pontons et les hôpitaux !

A l'heure où le soleil achevant sa course disparaît derrière les sommets, irradiant encore dans le ciel ses longues flèches d'or, cette mère s'agenouille, et avec elle, autour d'elle, les vieillards aux cheveux blancs, et les blondes fillettes, et les garçons. Alors, devant l'image enfumée, du fond de cette chaumière ignorée du reste de la terre, s'élève une hymne de reconnaissance et d'amour que les anges recueillent pour l'offrir au Maître de toutes choses.... Et la prière de ces humbles est peut-être le salut des multitudes orgueilleuses qui veulent chasser Dieu !

Si la Savoie demeure immuable dans son attachement à la foi des aïeux, aux traditions du passé, elle n'en suit pas moins, et de très près, le mouvement intellectuel de cette époque, où les lettres, les arts et les sciences ont conquis une si large place dans la vie des peuples. De tout temps, au surplus, la Savoie fut un pays d'études, où les nobles plaisirs de l'intelligence dominaient : Saint François de Sales fondait l'Académie florimontane bien avant que Richelieu fondât l'Académie française, et je poursuivrais volontiers le parallèle entre notre province et le royaume d'au-delà les monts, si je n'étais exposé à répéter ce que d'autres ont dit avant moi, et mieux que moi. Cependant, qu'il me soit permis de le remarquer, la Savoie a son existence littéraire propre, indépendante, décentralisée : elle a ses Académies et ses Sociétés scientifiques, ses Bibliothèques et ses Musées ; des Archives riches en documents, des collections considérables ; elle a un Conservatoire de musique, une École de peinture, plusieurs écoles industrielles, de nombreux collèges ; elle a, enfin, le bonheur de garder quelques monastères, où se perpétueront les traditions d'érudition religieuse rétablies en France par les dom Guéranger, les dom Pitra, les admirables bénédictins de Solesmes et de Ligugé.

Le clergé, la magistrature, le barreau, les sociétés savantes, rivalisent de zèle et d'ardeur ; la Savoie produit plus de livres que la plupart des autres provinces qui ont laissé absorber tous leurs éléments de vie intellectuelle par notre grand Paris. Je voudrais pouvoir citer les nombreux ouvrages que la Savoie a fournis dans ces dernières années, depuis le splendide *Armorial* du comte de Foras, jusqu'au poème si touchant de mon ami l'abbé Bernard, que vous avez deux fois couronné, Messieurs ; mais cette causerie deviendrait un catalogue et je dois m borner à féliciter, à remercier, au nom des Lettres, les savants auteurs de ces œuvres qui maintiennent le renom littéraire de notre pays.

Messieurs, j'aime passionnément les lettres : elles ont rempli ma vie, elles en ont été le but, la joie, le repos, dès que j'ai eu l'âge d'en comprendre le charme infini et délicieux. Je leur dois les plus doux enivrements et je n'ai d'autre ambition que d'en conserver toujours le culte.

Je suis donc bien heureux de rencontrer la sympathie de tant de lettrés délicats, et surtout de voir cet amour des lettres, qui est la véritable élévation de l'esprit vers Dieu, se maintenir et s'accroître parmi nous, grâce à l'exemple que vous donnez, grâce aux efforts d'une jeunesse instruite, studieuse, préoccupée d'étendre de plus en plus les conquêtes de l'esprit humain, pour la plus grande gloire de Dieu et de la patrie.

IV

Les Savoyards apportent chez les autres toutes les qualités de ce caractère que j'ai discrètement esquissé, mais développées par la conscience de l'isolement, par la volonté d'atteindre le but, par cette confiance en soi qu'on ne laisse jamais voir à ses proches, parce qu'on redoute la sentence *Nemo propheta*. Ils s'en vont donc, puis ils reviennent, dès que le but est atteint, car si tous les pays du monde sont beaux pour y vivre, la terre natale est la seule qu'on trouve belle pour y mourir!

Le Savoyard se transplante, il ne s'acclimate pas.

Voyez-le à l'œuvre. Il travaille lentement, patiemment, tous les jours, sans varier. Il n'égare pas sa confiance, il ne livre pas son amitié. Il va droit son chemin, et rien ne le rebute. Sa persévérance déplacerait une Alpe. Renversé, il se relève. Ruiné, il recommence. Il pense toujours à ceux qui l'attendent, là-bas! La vision du chaume frangé de pariétaires le hante sans cesse. Il revoit les visages aimés, il sourit aux remembrances lointaines, il évoque les heures joyeuses de l'enfance, et dans ces chers souvenirs qu'il caresse, il oublie la peine, la fatigue, le souci, qui creuseraient trop de rides à son front : il veut le garder pur aux baisers de sa mère!

Il court le monde, allant partout où la vocation l'appelle; et, quelle que soit la distance qui l'éloigne de son foyer, il n'en est jamais séparé. Ouvrier à la ville, cultivateur aux champs, colporteur le long des grandes routes, fermier au Mexique, pionnier dans l'Arkansas, mineur en

Californie, trafiquant aux îles Malaises, soldat aux colonies, partout il reste le Savoyard... prêt à faire bonne mine et bon accueil au « pays » que le hasard lui amènera. Et dès qu'ils se seront embrassés, l'hôte et l'ami inconnu, ils trinqueront gaîment à la vieille Savoie, avec un soupir de regret pour le petit vin blanc qu'ils fêtaient naguère sous les treilles.

J'ai eu souvent cette bienheureuse surprise, Messieurs, de retrouver loin d'ici des compagnons et des amis. Je me rappelle avec délices une soirée que je passai aux îles Seychelles, avec deux ou trois capucins de Chambéry, dont l'un est mort, depuis, à l'heure même où la mitre épiscopale venait récompenser toute une existence de travaux apostoliques. Je les ai vus à l'œuvre sur leur terrain, nos chers missionnaires savoyards, si dévoués, si patriotes, et je me souviens du jour où l'un deux célébrait la messe de Noël, en pleine mer Rouge, au pied du Sinaï, et sur un autel fait de drapeaux à la croix blanche! Combien de ces chers enfants de nos montagnes, sous le camail violet de l'évêque, la soutane du prêtre, la bure du religieux, s'en vont porter la Bonne Nouvelle aux peuplades encore ignorantes du Christ!

Et combien de nobles filles s'en vont aussi, pauvres, sans appui, sans argent, soigner les malades, instruire les petits enfants, exercer un ministère de sacrifice et de charité dans l'Inde, en Chine, en Amérique, aux confins du monde.

Et partout, Savoyards et Savoyardes brillent au premier rang. Mgr Maupoint [1], aujourd'hui défunt, me disait un jour: « J'ai cinq Savoyards dans mon diocèse et ce sont tous des

[1] Évêque de Saint-Denis de l'île Bourbon.

hommes supérieurs ». En effet, le bon évêque les avait placés tous les cinq à la tête de ses établissements, et l'un d'eux, qui m'est un ami bien cher, est devenu l'évêque et l'apôtre de la Sénégambie[1].

Il n'est peut-être aucun lieu connu où des Savoyards ne soient venus tenter la fortune et partout où ils vont on les estime pour leur courage et pour leur sagesse.

C'est un proverbe qu'ils sont les meilleurs serviteurs; et comme là où on apprend à bien obéir, on apprend aussi à bien commander, ils sont aussi les meilleurs maîtres. Dans quelque position que la chance les place, ils demeurent obligeants et simples. C'est comme une franc-maçonnerie, — mais, celle-là, sans mystères ni odieux serments! — qui les unit en une touchante fraternité. Quel Savoyard frapperait en vain à la porte d'un compatriote? Voyez Paris, où nos sociétés philanthropiques font tant de bien, malgré cet axiome trop souvent véridique : « La philanthropie est l'hérésie de la charité ». Ceux-là même qui se connaissaient à peine, au pays, que des différences de rang ou d'éducation rendaient étrangers les uns aux autres, deviennent en se rencontrant des amis, et se quittent désormais enchaînés par les liens d'une affection réciproque.

Oui, Messieurs, la Savoie a le droit d'être contente des enfants qu'elle envoie à l'étranger. Bon nombre sont des *arrivés*, et ne sont pas des *parvenus*.

Dans la marine, dans l'armée, dans les lettres, dans la magistrature, dans les charges administratives, nous comptons une foule de compatriotes qui rendent les plus grands services à la mère-patrie.

Et parmi ceux qui, retenus par une fidélité à toute

[1] Mgr Dubois, évêque de Raphanée.

épreuve et par les plus respectables souvenirs, ont continué de servir la dynastie savoyarde, il en est beaucoup aussi qui font honneur à notre pays, qu'ils représentent auprès des fils d'Humbert-aux-Blanches-Mains et d'Emmanuel-Philibert. Nous leur envoyons notre salut fraternel, et si les échos de nos Alpes leur portaient nos acclamations, soyez assurés, Messieurs, qu'ils nous répondraient tous par un cri qui rallie chez nous tous les suffrages, celui de : *Vive Savoie!*

Si j'avais eu, Messieurs, l'éloquence qui distingue la plupart de mes collègues, j'aurais volontiers choisi, pour l'exposer devant vous, une de ces hautes questions morales, ou bien un de ces grands faits historiques, que vous avez la mission de discuter.

Mais j'ai préféré exprimer, au cours d'une causerie familière, des sentiments qui ont été et seront toujours, s'il plaît à Dieu, la règle de ma conduite. Animé d'un amour sincère pour notre pays, j'ai voulu rendre hommage au caractère de ses habitants, à ses grandeurs passées, à son activité présente, à ses gloires futures!

L'avenir, c'est la jeunesse, et c'est à cette jeunesse que je voudrais adresser mes dernières paroles. Je lui dirais : Nos maîtres nous ont montré le chemin, suivons-les! Travaillons avec ardeur, sans défaillance et sans répit. Soyons dignes de nos aînés, serrons-nous autour de notre immortelle Croix Blanche, — le seul étendard qui ne soit point parmi les trophées enlevés aux vaincus par la France victorieuse, et suspendus aux voûtes des Invalides! N'usons pas nos belles années dans les plaisirs faciles, dans l'ennui stupide d'une oisiveté mauvaise.

Les sociétés se transforment, l'esprit humain agrandit chaque jour le champ de ses investigations, le mouvement intellectuel prépare des évolutions étranges, soyons prêts !

Soyons prêts à combattre pour la vérité, pour la justice, pour le Bien et pour le Beau ! Nous pouvons être appelés à d'autres destinées, mais souvenons-nous toujours de ces belles paroles de l'un des nôtres : « Pour bien aimer, servir et défendre la grande Patrie, il faut aimer le petit coin de terre où l'on est né : le berceau de la famille, et la tombe des ancêtres! »

RÉPONSE

AU

DISCOURS DU RÉCIPIENDAIRE

Par M. L. PILLET, président de l'Académie.

MONSIEUR,

Si j'avais à justifier les suffrages de l'Académie de Savoie, qui vous appellent, si jeune encore, à siéger parmi ses membres, il me suffirait de lire ici le catalogue de vos œuvres. A peine âgé de trente-six ans, vous avez publié déjà plus de trente-six volumes, qui embrassent le cycle presque entier de la littérature française. Il en est qui ont été réédités plusieurs fois, la plupart se trouvent dans toutes les bibliothèques chrétiennes.

Parmi les romans et les compositions littéraires, je puis citer :

1° *Simon Pierre et Simon le Magicien*, traduit de l'italien. Premier essai de jeunesse.

2° *Morogh à la hache.*
3° *L'Apôtre du Chablais.*
4° *Les Bourgeois de Garocelle.*
5° *A petite cloche grand son.*
6° *L'Homme au capuchon rouge.*
7° *Les Bibelots de Roland.*
8° *Irène Bathori.*
9° *Les Gentilshommes de la cuiller.*
10° *L'Hôtellerie du prêtre Jean.*
11° *Le capitaine Gueule d'acier.*
12° *La Mitre et l'épée.*
13° *L'Honneur du nom.*
14° *Hauteluce et Blanchelaine.*
15° *Philippe-Monsieur.*
16° *Le Maréchal de Montmayeur.*
17° *François le Balafré.*
18° *Le Crime de Maltaverne.*
19° *Les Chevaliers de la Croix-Blanche.*
20° *Les Rois du pays d'or.*
21° *Histoires cosmopolites.*
22° *Histoires à dormir debout.*
23° *Contes à l'eau de rose.*
24° *Les Savoyardes.*
25° *La Petite Princesse.*
26° *Contes Ironiques.*
27° *Scènes de la vie cléricale.*

Dans cette énumération, je ne compte pas dix ou douze volumes encore sous presse, qui paraîtront avant la fin de votre trente-sixième année. Je n'entreprendrai point une critique, et moins encore une analyse de cette bibliothèque. Il me faudrait des heures et même des journées pour tout résumer. Seulement, je ferai remarquer, au milieu de titres les plus humoristiques, une série de romans tirés de notre histoire de Savoie, de nos légendes nationales. C'est là une preuve de votre patriotisme savoyard, et un titre à la reconnaissance de ceux qui conservent le culte de la patrie.

Un de vos romans a obtenu un succès plus éclatant : vous en avez extrait le drame le *Prêtre*, qui a été joué à Paris d'abord, puis dans la France presque entière, et toujours applaudi.

Telle est la part du romancier; l'historien et le critique avait à nos suffrages des titres non moins nombreux, et peut-être plus appréciés dans notre petit aréopage chambérien.

1° D'abord ce grand volume des *Ducs de Savoie aux* XVe *et* XVIe *siècles*, un des récits les plus attachants qui aient été publiés sur l'histoire de Savoie.
2° *Louis XI et l'unité française.*
3° *L'Amiral de Coligny.*
4° *La Papesse Jeanne.*
5° *La Dîme, la corvée et le joug.*
6° *Les Jésuites et l'obscurantisme.*
7° *Qu'est-ce qu'un jésuite?*
8° *Histoire de l'expulsion des jésuites.*
9° *A bas les curés!*
10° *Qui a fait la France?*
11° *Duguesclin et son époque.*
12° *L'Ouvrier du temps jadis.*
13° *Le Bilan de la révolution.*
14° *La Comédie politique.*
15° *Le Plébiscite des pères de famille.*
16° *Histoire du pape Léon XIII.*

J'en passe un bon nombre, placés sur les confins entre l'histoire et la brochure politique. Je n'aborde même pas les articles de polémique semés sans nombre dans les revues et les journaux, dont vous avez été et êtes encore le collaborateur.

Mais je dois mentionner en finissant quelques volumes de voyages et d'esquisses de mœurs : *A bord du* MARIOTIS, — *Trois mois à l'île Bourbon*, — *La Reine des côtes africaines*. Je me permettrai d'ajouter que, dans ce genre d'études, il vous reste une dette à payer. Dans votre joli salon de l'avenue de Breteuil, vous avez un musée de ces produits étranges des régions du Haut-Nil, explorées par vos beaux-frères, avec la vaillante colonie savoyarde qui s'y était implantée. Vous devez avoir aussi, dans votre famille, des notes, des souvenirs de ces hardis pionniers, devanciers de Livingstone et de Baker. Il y a là les éléments d'un récit véridique, plus émouvant que les drames et que les romans les plus fantastiques.

Messieurs,

Je devais faire d'abord cette énumération, bien longue, et cependant incomplète des travaux publiés et à publier par notre nouveau confrère. Cette fécondité précoce, est, je puis le dire, le côté saillant de cette vie littéraire qui ne fait que de commencer. Mais elle n'est pas, à nos yeux, son seul mérite.

Pour moi, ce qui m'étonne, c'est de voir dans ces centaines de volumes et d'articles, qui se sont succédé depuis sa première jeunesse, de voir qu'il n'est pas une page, pas une ligne que désavouerait le moraliste le plus austère, le catholique le plus orthodoxe. Aussi, bien loin de justifier les appréhensions des mères de famille, ses nombreux romans sont-ils entrés dans toutes les bibliothèques chrétiennes. Les revues qui ont pour titre : *le Foyer*, *l'Ouvrier*, sont des bonnes œuvres, autant que des œuvres littéraires.

Ce que je me plais à augurer, c'est que le passé nous répond de l'avenir. Né à Chambéry en 1846, vous avez encore devant vous, Monsieur, toute une longue vie de lettré, si vous continuez de vous inspirer de cette généreuse pensée que vous nous exprimiez ici. « N'usons pas « nos belles années dans les plaisirs faciles, dans l'ennui « stupide d'une oisiveté mauvaise..... soyons prêts à « combattre pour la vérité, pour la justice, pour le bien « et pour le beau ! »

Vous avez conquis votre place à la pointe de la plume : vous avez aujourd'hui un passé de travail et de luttes, et permettez-moi d'ajouter que vous possédez un autre élément de succès : les dures leçons de l'expérience.

En effet, vous aviez suivi les cours du collège de Saint-Jean de Maurienne, puis ceux du petit séminaire de Saint-Pierre d'Albigny. Vos parents, qui ne songeaient point pour vous à la carrière des lettres, ne purent, à leur regret, vous faire achever vos études classiques ; jamais vous n'avez abordé nos grandes Universités.

Les débuts ont été rudes pour vous, dans votre patrie d'abord, puis dans cet océan de Paris, où vous vous lanciez hardiment, pauvre et sans appui. La Providence qui veillait sur vous, vous fit d'abord rencontrer un homme qui distingua votre vaillance, vous fit une place dans la rédaction de l'*Univers*. Dès lors, votre voie fut ouverte, votre carrière fut assurée.

Une tombe vient de se fermer à Paris ; nous avons pu entendre d'ici l'écho des louanges exaltées des uns, des clameurs insolentes des autres. Spectateurs lointains et impassibles du débat, nous nous bornons à faire dans notre esprit un rapprochement : le jeune confrère que nous recevons aujourd'hui doit sa vie littéraire à Louis Veuillot. Comme son maître, il était parti de sa province pauvre et ignoré. Comme lui, il avait un trésor : la foi ardente de ses pères, et l'amour de son pays.

Ce double flambeau a suppléé aux lentes études des littératures classiques.

J'aime à croire que sans avoir la brutale rudesse du maître, vous aurez hérité de lui sa fibre puissante, son inspiration littéraire! Plus doux, moins bruyant dans le monde de la politique, vous aurez soulevé moins de tempêtes; mais lorsque vous arriverez à la fin d'une longue carrière, peut-être aurez-vous conquis plus de sympathies.

Dans votre discours vous nous parlez beaucoup de la Savoie, que vous aimez passionnément, bien qu'elle ait été autrefois un peu marâtre pour vous. Je voudrais vous suivre sur ce terrain, où je suis sûr de rencontrer tous les cœurs, sans distinction d'opinions, ni de partis.

Nous ne sommes pas ici-bas comme des cailloux roulants, sans attache au sol natal. Semblables à l'arbre des forêts, et plus souvent au chétif brin d'herbe, nous n'avons vie qu'à la condition de rester attachés par de fortes racines à la terre de la patrie. Sans cette chaîne nourricière, qui nous relie, nous ne serions que des atomes desséchés, des unités impuissantes.

Si nous considérons la société moderne, un phénomène universel nous frappe et nous attriste. Les antiques nationalités, avec leurs traditions, avec leur patriotisme plus intime, les noms de Savoie, de Dauphiné, de Bresse, de Bugey, tout se fond, tout tend à disparaître dans une grande, et, permettez-moi de le dire, une trop nébuleuse unité française.

Qui sait si ce n'est pas seulement une première étape, si une fédération européenne ne tendra pas à se substituer au nom glorieux de la France, trop étroit pour certaines aspirations fiévreuses ; et si la fédération universelle des peuples, rêvée par des utopistes, ne viendra pas encore se substituer à ces anciens et glorieux souvenirs de patrie.

Nous ne devons pas, nous ne voulons pas lutter contre ce mouvement généreux qui nous emporte, mais nous ferons acte de patriotisme en l'associant aux vieux souvenirs de nos traditions nationales.

Chacune de nos petites nationalités a été conquise, unifiée à son tour : le Dauphiné au XIVe siècle, la Bresse et le Bugey au XVIe, la Savoie au XIXe. Mais chacune conserve de son antique autonomie un délicieux souvenir.

Si nous nous rencontrons dans les rues de Paris, de Buenos-Ayres ou sur les plages de la Cochinchine, c'est comme Dauphinois, comme Bressans, comme Bugistes, comme Savoyards que nous nous serrons la main. Que diriez-vous, dans ce moment d'émotion patriotique, de celui qui, plus correctement géographe, viendrait se réclamer du même département, ou du même arrondissement ! Divisions artificielles, et disons même ridicules pour le cœur ! Non, la langue française n'a même pas de mot pour exprimer un pareil rapport, parce qu'il n'a rien de vivant, rien de senti. On sera Mauriennais, Tarin, Bouju, on est surtout Savoyard. On n'a jamais été de l'Ain, du Léman, du Mont-Blanc, de la Loire ou de la Marne ! A notre insu, le cœur répudie ces classifications, qui n'ont pas de fondement dans l'histoire du passé. Ce sont des liens politiques, ce ne sont pas des racines vivantes.

Si je ne craignais de m'aventurer sur les traditions féodales que vous avez explorées bien mieux que moi, je dirais que le vieil homme d'armes qui suivait son banneret, le baron qui répondait à l'appel de son prince, avaient un sentiment plus personnel que le nôtre. La patrie était pour eux une famille. La fidélité était l'honneur de leur vie, le souvenir qui consolait leur vieillesse, la tradition que chacun aimait à voir revivre dans ses enfants.

Dans la tactique de nos États perfectionnés, nous ne retrouvons ni ce charme, ni ce patriotisme naïf. Un chiffre désigne l'homme, un autre chiffre son régiment ou son corps d'armée. La vaillance individuelle ne compte plus en présence de l'Armstrong. Un boulet venu on ne sait d'où, emporte ce *numéro*, ou l'envoie mourir dans une ambulance pêle-mêle avec cent inconnus. Plus le service militaire sera abrégé, plus souvent se renouvelleront les hommes et plus ils seront étrangers entre eux. Transportés d'un corps dans un autre, ils y arrivent sans attaches, sans souvenirs. Ce n'est plus une famille, c'est une fraction infinitésimale.

Gardons-nous de cet idéal dans notre vie provinciale et littéraire. Les Académies n'ont pas à régler la politique, pas plus qu'à diriger les armées. Mais elles ont pour mission d'entretenir le culte des souvenirs. Ce n'est point, tant s'en faut, le regret du passé ! Lorsque l'histoire mieux étudiée atteste les abus des civilisations anciennes, nos érudits seront les premiers à les signaler, et à faire apprécier les avantages d'un ordre social plus régulier, plus humain.

Mais de même que la plupart des constitutions politiques

ont placé un Sénat conservateur pour modérer les ardeurs d'une Chambre novatrice, ainsi, dans le monde des lettres, il est bon que l'élément historique soit pieusement conservé. Plus fort que les lois, et les constitutions, ce sentiment entretient une fraternité plus étroite entre les membres d'une même race, il contribue par-là à cimenter l'unité de la Patrie, il y ajoute le stimulant d'une généreuse émulation.

Dans mes souvenirs d'enfant, je vois encore ces régiments de Savoie, d'Aoste, de Pignerol, qui recevaient nos jeunes recrues, leur infiltraient l'amour du drapeau, les glorieuses traditions du passé. Ces petits cadres ne nuisaient en rien aux grandes évolutions du champ de manœuvre, et moins encore à la bravoure sur le champ de bataille.

Il en est de même dans la lutte de la vie sociale. L'élément traditionnel y est non seulement utile, il est nécessaire.

Si nous voulons vivre, si nous voulons grandir, conservons soigneusement nos racines dans le sol de la patrie, nos racines historiques sans lesquelles il n'y a plus de sève, plus de fleurs, plus de vie.

Je dirai en finissant que nous regrettons que cette salle ne soit pas plus vaste, qu'elle ne puisse recevoir, avec les membres de l'Académie, toutes les personnes qui nous demandaient la faveur d'assister à votre réception. La notoriété, je dirai presque la célébrité que vous avez conquise, et aussi le désir d'entendre l'excellent discours que vous venez de nous lire, justifient cet empressement, même de la part de personnes qui ne vous connaissent que de nom.

Mais un fait plus rare, plus honorable encore, c'est cette colonie de la Maurienne, qui n'a pas craint d'affronter un voyage de près de 70 kilomètres, pour venir vous entendre et vous applaudir. Cette sympathie, dans nos temps d'égoïsme et de défaillance, cette amitié honore autant ceux qui l'accordent que celui qui l'a su mériter. Aussi je n'ai pas voulu terminer sans donner à ces excellents compatriotes un salut de bienvenue, et leur dire *merci*, au nom de l'Académie de Savoie.

6517. — Chambéry, imprim. Chatelain, avenue du Champ-de-Mars.

www.ingramcontent.com/pod-product-compliance
Lightning Source LLC
LaVergne TN
LVHW010303230826
846091LV00007BB/2690

* 9 7 8 2 0 1 1 2 9 2 5 9 9 *